PRÉCIS HISTORIQUE

DU

DROIT ROMAIN.

AVERTISSEMENT.

La première édition de ce Précis historique a eu l'honneur d'être saisie par la police, en 1809. On devinera aisément pourquoi, en lisant le chapitre IV.

PRÉCIS HISTORIQUE

DU

DROIT ROMAIN,

DEPUIS ROMULUS JUSQU'A NOS JOURS;

PAR M. DUPIN,

AVOCAT A LA COUR ROYALE DE PARIS.

In historiâ illustri nihil est brevitate dulcius.

CIC. DE CLAR. ORAT. 142.

QUATRIEME EDITION.

PARIS.

BAUDOUIN FILS, IMPRIMEUR-LIBRAIRE,

RUE DE VAUGIRARD, N. 36.

1822.

ACADEMIÆ

IONENSI, CORCYRÆ.

IONENSES ACADEMICI,

Ex quo inter vos allectus sum, sæpè menti occurrit, quàm mihi foret arduum, dignas, pro tali accepto beneficio, grates persolvere.

Certè equidem, mihi notus

*

erat singularis ille vestrûm in animis insitus litterarum amor; et, præmiis olympicis in vestro gymnasio novissimè instauratis, magnum mihi satis et nobile curriculum patebat, in quo decorum pulverem colligere potuissem : sed meta mihi erat fervidis evitanda rotis; et (id enim fatebor, ut alia prætermittam) grandis Græcorum nominis reverentia, me tam periculoso incœpto imparem esse monuit. Non enim quemquam nostrûm fugit, hanc haud immeritis laudem tribuisse Horatium, cùm de vobis præclarissimè cecinerit :

Graiis ingenium, Graiis dedit ore rotundo
Musa loqui, propter laudem nullius avaris.

Cùm verò quid valerent et quid ferre recusarent humeri diù seduloque versaverim anceps ; opinatus sum, me, non magno meo periculo facturum, si *Romanæ Jurisprudentiæ historicum Compendium* vobis offerrem. Quod, cùm mihi maximè expediret, eò, quod extrà meorum studiorum doctrinæque fines non esset; tùm mihi arridebat, quandò in animum revocabam, quas à Romanis mutuavimus leges, has græco fonte Romanos ipsos hausisse. Et præthereà, id non injucundo recordationis sensu occurrebat, *Corpus Juris romani*, quale nunc illud habemus servamusque, idem in *Græciâ* olim conceptum, ordinatum atque promulgatum fuisse.

Quibus rationibus adductus sum, ut illud opusculum (ità sanè vestræ inclytæ genti haud prorsùs ingratum) vobis dicare auderem ; nimirùm, *Academiæ Ionensi* quasi pignus monumentumque futurum, quanto mihi honori ducam, hujus Academiæ me esse socium, quam vix orientem jam intuetur quicquid scientiâ pollet in Europâ ; quæque, cùm ex sede suâ, tot præclarorum virorum factorumque altam et quasi præsentem servet memoriam ; tùm, ex quo surgere cœpit tempore, maximas in futurum spes alere fovereque debeat.

Atque atque, IONENSES, qui fueritis, qui nunc, et qui futuri sitis, mementote semper et cogitate : et mox Ionia speciem referet antiquæ hujus Græciæ quæ famâ, quæ gloriâ, quæ doctrinâ, quæ plurimis artibus, quæ etiam imperio et bellicâ laude floruit. VALETE.

PARISIIS, pridiè kalend. decemb. 1809, 3° anno 647 olympiadis.

A. M. J. J. DUPIN.

PRÉCIS HISTORIQUE

DU

DROIT ROMAIN.

CHAPITRE Ier.

Droit romain sous les rois.

ROME formée, pour ainsi dire, par alluvion, et composée dans son origine d'un ramas de brigands, qui en faisaient un repaire plutôt qu'une ville, n'eut d'abord aucune loi écrite.

L'usage (1) seul gouvernait les affai-

(1) *Uso il legislatore il più ordinario delle nazioni.* BECCARIA, § 42.

res : à son défaut, on recourait au roi, dont la volonté était, en quelque sorte, une loi vivante et animée, *viva ac spirans lex.*

Cette volonté se manifestait par des édits.

Mais, soit que cette forme de gouvernement dégénérât dès-lors en arbitraire, soit qu'elle déplût naturellement à ce peuple toujours avide d'une liberté dont il ne savait jamais jouir, il demanda des lois.

De ce moment, les rois commencèrent à consulter le peuple, et le résultat de la volonté générale faisait *loi*.

Les rois même devaient s'y soumettre, comme Tacite le remarque de Servius Tullius, *qui præcipuus sanctor legum fuit, queis etiam reges obtemperarent.* Annal., *lib.* 3. *cap.* 26.

Tarquin-le-Superbe osa le premier changer cette constitution : il porta sur les lois ses mains sacriléges, accoutumées à tout violer : mais, s'il fut le premier tyran des Romains, il fut aussi leur dernier roi, et le peuple, redevenu libre, se donna lui-même des lois.

CHAPITRE II.

Droit romain jusqu'aux XII Tables.

Après l'expulsion des Tarquins, la puissance suprême fut transférée à deux Consuls, *ne potestas vel morâ vel solitudine corrumperetur. Tit. Liv.*, IV, 2. Du reste, ces Consuls avaient la même autorité que les ci-devant rois, dont ils ne différaient que *vocabulo*, *numero ac diuturnitate dignitatis.*

Sous ce nouveau gouvernement, les lois royales conservèrent encore leur vigueur; et Caïus Papyrius les réunit en un seul corps qu'on appela du nom de l'auteur, JUS PAPYRIANUM; *L.* 2, § 2, *ff. de orig. juris.*

Cependant, plusieurs de ces lois, sans qu'on voie qu'elles aient été formellement abrogées, étaient demeurées sans force : elles ne convenaient plus à la nouvelle forme du gouvernement. Il devint donc indispensable que les Consuls, imitant les rois en cela, décidassent, en connaissance de cause, tous les points non prévus par les lois. *Denis d'Halicarn. livre* x, *chap.* 1.

Mais Brutus avait fait jurer au peuple qu'il se maintiendrait éternellement dans sa liberté; et la maxime fondamentale de la république, était de regarder cette liberté comme une chose inséparable du nom Romain.

Un peuple nourri dans cet esprit d'indépendance; disons plus, un peuple qui se croyait né pour commander aux autres peuples, et que Virgile, pour cette raison, appelle si noblement un peuple-roi ; ne voulait recevoir de loi que de lui-même.

Aussi, sous les consuls comme sous les rois, les citoyens de Rome revendiquèrent le pouvoir législatif ; et, après avoir obtenu des tribuns, les plébéiens, désormais opposés au Sénat, donnèrent sous la présidence de ces magistrats, des ordonnances appelées *plebiscita*, différentes des lois proprement dites *populiscita*.

Rien ne fut plus fréquent alors que de voir les plébiscites en contradiction avec les édits consulaires. Chacun s'arrogeait la puissance législative : les consuls se l'attribuaient, les tribuns la réclamaient pour le peuple, et l'un d'eux parvint à faire décider que, dorénavant, les consuls observeraient la loi que le peuple se serait donnée ;

QUOD POPULUS IN SE JUS DEDERIT, EO CONSULEM USURUM. *Tit. Liv.* III, 9.

Pour faire cesser ce déplorable conflit, on convint enfin, l'an 300 de Rome, d'envoyer des députés en Grèce, pour en compulser les lois, et les accommoder aux mœurs des Romains.

Au retour de ces députés, on créa les décemvirs : à leur tête était Appius Claudius ; on les chargea de mettre en ordre les lois que les députés avaient apportées.

Les décemvirs, aidés d'Hermodore, illustre exilé d'Éphèse, se livrèrent à ce travail avec tant d'application, que dès l'année 303 de Rome, ils soumirent à l'acceptation du peuple leurs lois gravées sur X tables d'airain, auxquelles ils ajoutèrent deux autres tables peu de temps après.

Telles furent les lois des XII Tables,

que Tite-Live appelle *fons universi publici privatique juris*, et que Cicéron met au-dessus des bibliothèques de tous les philosophes, *omnibus omnium philosophorum bibliothecis anteponendum opus*; composé admirable de ce que les anciens usages des Romains avaient de plus sage, et de ce que les Grecs leur avaient fourni de mieux approprié à leurs mœurs : *tum ex Græcorum jure, tum ex patriis consuetudinibus*. (Dionis. Halic. X, 66.)

Ces lois furent reçues des Romains avec enthousiasme. Tous ceux qui se destinaient à l'étude de la jurisprudence, devaient en apprendre le texte, *tanquam carmen necessarium*. (Cic., *de legib.* II. 23.)

Les plus célèbres jurisconsultes s'appliquèrent à les interpréter, et S. Cyprien (2, *epist.* 2) nous atteste que, de son temps, ou les conservait encore dans leur entier. Mais tout cela n'a pas empêché qu'elles ne périssent lors de l'irruption des Barbares; et nous n'en avons aujourd'hui que des fragmens épars dans le Digeste et dans quelques Anciens, que J. Godefroy a compilés avec une érudition immense et enrichis d'excellentes notes.

Plusieurs auteurs conseillent de commencer par l'étude de ces lois, qui, en effet, nous indiquent l'origine et le principe de beaucoup d'institutions; mais d'autres, à l'avis desquels je me range, pensent, au contraire, que cette étude n'est bonne qu'à ceux qui veulent approfondir la science; et qu'il faut dire au vulgaire :

Procul, ô procul este, profani!

CHAPITRE III.

Droit romain depuis les XII Tables jusqu'au temps d'Auguste.

Les Romains jouissaient enfin de ce Code qu'ils avaient tant désiré; mais l'impulsion était donnée; la lutte du sénat et du peuple se renouvelait tous les jours; et il était impossible que les lois ne se ressentissent pas du désordre de la cité. Plus les législateurs parlaient, et plus les lois restaient muettes; elles se multiplièrent à l'excès, et dès-lors on put dire, *corruptissimâ republicâ plurimæ leges*. Tacit. *Annal.* III, 27.

Les magistrats plébéiens essayèrent

plusieurs fois de dépouiller les patriciens, non-seulement de leurs honneurs, mais encore de leurs biens; les patriciens, de leur côté, soutinrent que les plébiscites n'étaient pas obligatoires pour eux : de-là ces jalousies furieuses entre le sénat et le peuple, entre les patriciens et les plébéiens ; les uns alléguant toujours que la liberté excessive se détruit enfin elle-même ; et les autres craignant au contraire que l'autorité, qui de sa nature croît toujours, ne dégénérât enfin en tyrannie : de-là ces retraites des plébéiens sur le mont Aventin et sur le mont Janicule, et cette transaction politique, qui soumit les patriciens à l'autorité des plébiscites ; *ut plebiscita omnes Quirites tenerent.* AULUS GELLIUS, *Noct. Att. lib.* 15, *c.* 27.

De ce moment, les plébiscites eurent

force de loi, et même en prirent le nom.

Cependant il restait encore au sénat des moyens de dominer le peuple. A peine les XII Tables avaient-elles été promulguées, que les patriciens imaginèrent des formules sans lesquelles on ne pouvait régulièrement intenter aucune action. *L.* 2, § 6, *ff de orig. juris.*

Ils ajoutèrent à cela la distinction des jours fastes où l'on pouvait agir, et des jours néfastes où l'on ne le pouvait pas, et de tout cet assemblage de subtilité et de superstition, ils composèrent ce qu'ils appelaient *legis actiones*.

De cette manière ils concentrèrent dans leurs mains toute la connaissance des affaires contentieuses; et sous l'apparence du droit de patronage qu'ils s'arrogeaient comme un attribut de leur caste, ils acquirent une immense autorité.

On conçoit donc combien ils étaient intéressés à dérober au peuple la vue de cette nouvelle chaîne. Mais cet avantage leur fut enlevé vers l'an de Rome 449, par Cn. Flavius, qui surprit ces formules à Appius Claudius Cæcus dont il était secrétaire, les réunit en un seul corps, et les livra ensuite à la connaissance du peuple, qui l'en récompensa en le nommant édile. On appela ce recueil de formules, JUS FLAVIANUM.

Vainement les patriciens essayèrent de ressaisir leur autorité, en imaginant de nouvelles formules : leur secret fut encore surpris et divulgué par S. Ælius Catus, dont la compilation prit le nom de JUS ÆLIANUM.

Toutefois il leur restait encore deux armes puissantes, *Interpretatio et Disputatio fori.*

Les lois des XII Tables avaient été écrites avec beaucoup de concision, *eleganti atque absolutâ brevitate verborum.* (Gellius, *lib.* 20, *cap.* 1.) Elles disaient beaucoup en peu de mots; mais elles ne disaient pas tout. Or, les patriciens, à l'aide des interprétations qu'ils en donnaient, en tiraient par voie d'induction des décisions nouvelles, qui ne résultaient pas toujours du texte; d'où vint qu'on ne les appela pas seulement *Interpretes*, mais encore *Auctores* et *Conditores juris.* Cujac. *Obs.* VII. 25.

Il arrivait quelquefois que les jurisconsultes ne s'accordaient pas sur ces interprétations: alors ils s'assemblaient ou dans le Forum ou près du temple d'Apollon, pour agiter les questions controversées entre eux, et le résultat de cette conférence formait une décision que l'on appelait *recepta sententia*. C'est de ces difficultés ainsi résolues, que les lois parlent, quand elles disent, POST MAGNAS VARIETATES OBTINUERAT... *L. ult. ff. de leg.* L. 32. *ff. de obligat.* EX DISPUTATIONE FORI VENIT... *Ascan. Pædian. in verrin.* 3. JUS CONSENSU RECEPTUM, *pr. Inst. de acq. per adrog.* JUS COMMENTITIUM, *L.* 20, *ff. de pœnis*, juncto *Bynkersh. Obs.* V. 16.

Les patriciens qui, comme on l'a dit, exerçaient seuls la profession de jurisconsulte, se donnaient bien de garde d'initier les plébéiens dans les mystères de leur art; *in latenti jus civile retinere cogitabant; solùmque consultatoribus potiùsquàm discere vo-*

lentibus se præstabant. Mais Tib. Caruncanius, qui n'entrait pas dans cette manière de voir, se mit à professer publiquement cette science jusque-là mystérieuse. A ce moyen, la jurisprudence ne fut plus le patrimoine exclusif des patriciens ; chacun put devenir jurisconsulte, et il fut vrai de dire :

Tamen imâ plebe quiritem
Facundum invenies : solet hic defendere causas
Nobilis indocti : veniet de plebe togatâ,
Qui juris nodos et legum Ænigmata solvat.

JUV. VIII, 47.

A l'exemple des rois, les consuls s'étaient mis en possession de décider tous les cas non prévus par les lois. Lorsque les consuls, entièrement livrés aux occupations de la guerre, se trouvèrent forcés d'abandonner le soin des affaires civiles aux différens magistrats qui furent créés pour les suppléer ; on vit ces magistrats, et surtout les préteurs, donner des édits sur les différentes branches d'administration qui leur étaient confiées.

La raison, en effet, était toujours la même. Sans doute, tout doit se taire quand la loi parle ; mais lorsque la loi est muette, les magistrats doivent suppléer à son silence, et décider, par des édits spéciaux, les questions particulières qu'il n'a pas été possible au législateur de comprendre dans la règle générale qu'il a tracée. *Opportet leges dominas esse, si sint rectè scriptæ ; magistratus autem* EDICERE *debet de illis de quibus leges exquisitè aliquid decernere nequeant, eò, quod non facilè sit sermone generali singulos casus comprehendere.* ARIST. *Polit, III*, 11.)

Les édits des préteurs étaient de plusieurs sortes. Les uns appelés *repentina*, étaient donnés dans les cas qui se présentaient à l'instant et comme à l'improviste ; les autres étaient donnés *ad perpetuam jurisdictionem*, et s'étendaient à tout le temps que devait durer la magistrature (1). Parmi ces derniers, on appelait *tralatitia* ceux que le nouveau préteur conservait parmi les édits de son prédécesseur ; et *nova*, ceux que le nouveau préteur ajoutait *de suo* à l'ancien édit ; car chaque préteur, en entrant en charge, montait à la tribune aux harangues, et déclarait (*edicebat*) quelles règles il suivrait en rendant la

(1) C'est-à-dire, un an ; c'est pourquoi Cicéron, dans sa deuxième Verrine, n° 42, appelle l'édit du prêteur, *lex annua cui finem adferant kalendæ januariæ*.

justice. Cet édit était ensuite écrit *in albo*.

Ces édits avaient ordinairement pour unique but d'aider à la lettre des lois, d'y suppléer ou de les rectifier; *fiebant adjuvandi, vel supplendi, vel corrigendi juris civilis gratiâ. L. 7. § 1, ff. de justit. et jure.* Du reste, il n'était pas permis aux préteurs de changer *directement* la loi même.

Mais ils venaient toujours à bout de l'enfreindre au moins *indirectement*, par divers moyens et à l'aide de leurs fictions.

Il y a plus : non-seulement ils portaient atteinte aux lois de l'État, mais ils ne se faisaient pas scrupule de changer leur propre édit dans le courant de l'année; et ils se portaient à ces changemens avec d'autant plus de légèreté, qu'ils y trouvaient un moyen assuré de favoriser leurs amis et de vexer leurs ennemis ; *hoc faciebant plerùmque in gratiam odiumque certorum hominum*. Dio. Cass. ; *lib.* 36. Pour mettre un terme à cet abus, on fut obligé d'invoquer contre eux cet édit célèbre, qu'eux-mêmes avaient fait : Quod quisque juris in alterum statuerit, ut ipse eodem jure utatur. *L.* 1. *ff. h. t.* Et cette barrière paraissant encore trop faible, on fit, l'an 585, un sénatus-consulte qui fut converti en loi l'année suivante, pour que les préteurs rendissent la justice pendant toute la durée de leur magistrature, conformément aux édits qu'ils auraient promulgués lors de leur entrée en charge : *Ut Prætores ex edictis suis perpetuis* (id est, per totum annum mansuris) *jus dicerent* ; ou, comme le dit Dion Cassius, lib. 36, *ut et statim prætores principio edicerent quo jure essent usuri, et deindè nequâquàm ab eo deflecterent.*

Dès-lors le droit prétorien, JUS HONORARIUM, devint plus fixe; on n'y fit plus de changemens sans nécessité; et les édits des anciens préteurs, presque toujours conservés par leurs successeurs, compilés et commentés par les plus habiles jurisconsultes, formèrent à la longue un corps de décisions si respectable, que l'on pensait, du temps de Cicéron, que c'était dans l'édit du préteur, et non dans les XII Tables, qu'on devait puiser la connaissance du Droit: *à Prætoris edicto, non à XII Tabulis, hauriendam juris disciplinam.* DE LEGIB. *lib.* I, *cap.* 5.

A cette époque, le Droit romain écrit, comprenait donc, PLEBISCITA; LEGIS ACTIONES, JUS CIVILE *ex interpretatione prudentûm et fori disputa-*

tione ortum, *et* EDICTA MAGISTRATUUM.

Une foule d'illustres jurisconsultes se formèrent à l'étude de ces lois, et ces lois à leur tour s'enrichirent des travaux des jurisconsultes : car la science du Droit était alors soigneusement cultivée ; et, pour en donner une idée, avant d'arriver au siècle d'Auguste, nous retracerons en peu de mots par quelles études on se préparait à celles de la jurisprudence.

Depuis les guerres puniques, époque vers laquelle les lettres et les beaux-arts commencèrent à être honorés à Rome, les jeunes gens consacraient leurs premières années à l'étude du grec, ils suivaient les grammairiens, les rhéteurs, etc. Arrivés à l'âge où ils prenaient la robe virile, ils se préparaient aux combats de la tribune, où bientôt ils paraissaient à côté d'un personnage célèbre. Quelquefois aussi, ils commençaient par voyager à Athènes, Rhodes, Mytilène ou Marseille, pour s'y perfectionner, loin des plaisirs et de la corruption de Rome ; ou bien ils prenaient le parti des armes, sans toutefois que les exercices militaires les empêchassent de s'adonner à la culture des lettres et des sciences. VELL. PAT. I, 13. SUET. *in Cæsar.* 56. *in Aug.* 84.

Quant à ceux qui se destinaient à l'étude de la jurisprudence, ils s'appliquaient d'abord à se pénétrer des principes de la philosophie ; et, pour l'ordinaire, ils préféraient celle des Stoïciens. Ainsi préparés, ils s'attachaient à quelque savant jurisconsulte qu'ils prenaient pour modèle : sous sa direction, ils apprenaient à consulter et à plaider, en voyant comment il s'y prenait lui-même pour exercer sa profession ; et lorsqu'au bout d'un certain temps, ils se croyaient assez forts pour voler de leurs propres ailes, *cùm studiorum habebant fiduciam*, ils pouvaient exercer seuls ; car il est bon de remarquer que, dans ces premiers temps, on n'avait pas besoin d'autorisation pour prendre le titre de jurisconsulte.

CHAPITRE IV.

Droit romain depuis Auguste jusqu'à Constantin.

La République romaine ne dégénéra en monarchie, ni sous la dictature de César, qui ne fut pas de longue durée, ni même aussitôt après sa mort. Cette révolution ne s'opéra que l'an 722, sous le 4e consulat d'Octave et de M. Licinius Crassus.

A cette époque, Brutus et Cassius avaient été défaits ; la République était sans armées, le parti du jeune Pompée avait été détruit en Sicile ; Lépide avait été mis de côté, Antoine avait péri ; et le parti de César même n'avait pour chef qu'Octave. Celui-ci quitta le titre de triumvir, se portant désormais pour consul, et se contentant d'y joindre la puissance tribunitienne qu'il feignait de ne conserver que pour défendre les plébéiens. Mais, quand il eut gagné les soldats par des largesses, amolli Rome par l'abondance qu'il y fit régner, engourdi tous les Ordres de l'État par la douceur du repos; on le vit s'élever peu à peu; attirer à lui les fonctions du sénat, la juridiction des magistrats, le pouvoir des lois, sans que personne s'y opposât : *nullo adversante* (1).

---

(1) *Postquam Bruto et Cassio cœsis, nulla jam publica arma, Pompeius apud Siciliam oppressus, exutoque Lepido, interfecto Antonio, ne Julianis quidem partibus, dux, nisi Cæsar, reliquus; hic posito triumviri nominè, consulem se ferens, et ad tuendam plebem*

Ce nouvel ordre de choses, en introduisant de nouvelles mœurs, appelait d'autres statuts ; car il s'en fallait bien que toutes les lois de l'ancien régime convinssent au nouveau : il ne pouvait donc manquer d'arriver qu'Auguste, le plus politique de tous les princes, ne mît tous ses soins à plier le Droit romain à la constitution actuelle, et ne songeât à donner aux Romains une législation *vinculaire.*

Il suivit en cela le projet de César, qui, au rapport de Suétone, voulut aussi donner une autre forme au Droit

---

tribunitio jure contentum, ubi militem donis, populum annonâ, cunctos dulcedine otii pellexit, insurgere paulatim, munia Senatûs, magistratuum, legum, in se trahere cœpit, NULLO ADVERSANTE. Tac. *Annal.* I. 2.

civil, et réunir en un petit nombre de livres, tout ce que l'immense détail des lois antérieures renfermait de meilleur et de plus nécessaire (1). Une mort prématurée l'avait empêché d'exécuter ce dessein; mais Auguste le reprit aussitôt que ses entreprises réitérées et la force des circonstances eurent insensiblement rendu nécessaire le gouvernement d'un seul : *Quandò per partes evenerat, ut necesse esset Reipublicæ per unum consuli. L.* 2, § 11, *ff. de orig. jur.*

Toutefois, comme César s'était mal trouvé d'avoir affecté trop tôt le pou-

---

(1) *Jus civile ad certum modum redigere, atque ex immensâ diffusâque legum copiâ, optima quæque ac necessaria in paucissimos conferre libros voluit.* SUET. *in Jul. c.* 44.

voir suprême, et que sa mort sanglante n'instruisait que trop son successeur, combien il était difficile de conserver un empire qu'on avait envahi par la force des armes sur une cité libre; Auguste, plus adroit, se comporta avec tant de prudence, et usa du commandement avec tant de dextérité, que le peuple, toujours trompé par des chimères qui lui retraçaient l'image de son ancienne liberté, ne s'aperçut pas qu'il l'avait perdue (1).

En effet, pour mieux couvrir ses desseins, Auguste parut laisser au sénat la même autorité qu'auparavant; il ne changea rien aux titres des magistrats; il leur conserva leurs marques

---

(1) *Cùm in aliis plerisque, tum in hoc quoque, cum Romanis, tanquam cum hominibus liberis agebat.* Dio. cass. *lib.* 53.

distinctives. Les consuls marchaient précédés des faisceaux, comme sous la république, et, plus d'une fois, Auguste se revêtit de ce titre imposant. On voyait toujours dans Rome les Préteurs, les Ediles, les Tribuns du peuple, les Questeurs; et le peuple croyait encore à la République! Cependant le prince avait su concentrer dans sa main les pouvoirs attachés aux charges les plus influentes, et si les noms étaient encore les mêmes, *eadem magistratuum vocabula*, l'ancien esprit national n'en était pas moins complètement détruit; *nihil usquàm prisci atque integri moris supererat.* TACIT. *Annal. lib.* I, *cap.* 3 *et* 4.

La masse des citoyens s'aperçut d'autant moins du renversement de la république, que, dans les premiers temps, Auguste eut l'attention de ne rien ordonner par lui-même, et de consulter le peuple lorsqu'il s'agissait de faire des lois : *Veritus, ne si subitò homines in alium deducere statum cuperet, res ea sibi parùm esset successura*. Dio. Cass. *lib*. 53.

La politique conseillait ces ménagemens à Auguste : mais le sénat prit soin de le débarrasser de ces entraves ; et marchant à grands pas vers cette prompte servitude qui devait bientôt fatiguer Tibère, le prince n'eut point de peine à plier sous le joug un peuple qu'il acheva d'assujettir, en le corrompant par des distributions de vivres et d'argent, et par les jeux du Cirque,

....Panem et circences.

Ce fut alors que, déployant toute son ambition, il donna aux Romains ces lois qui leur assuraient paix et servitude : *Jura quibus pace et principe uterentur*. Ce fut alors que le peuple lui transféra toute sa puissance ; *ei et in eum omne suum imperium potestatemque contulit*, *etc. L.* 2, § 11, *ff. de orig. juris*, et que le sénat, toujours alerte à prévenir les moindres désirs de César, le délia des lois, et le mit au-dessus d'elles, avec le pouvoir discrétionnaire de faire ce qu'il voudrait, tout ce qu'il voudrait, et rien que ce qu'il voudrait. *In ejus acta juravit*, *eumque solvit legibus* (1), *et decrevit*,

(1) Opposez à cette bassesse ce beau passage de Daguesseau, tom. 1, p. 7. « Les plus » nobles images de la Divinité, les rois que » l'Ecriture appelle les dieux de la terre, ne » sont jamais plus grands que lorsqu'ils sou» mettent toute leur grandeur à la justice, et » qu'ils joignent au titre de *maîtres du monde*, » celui d'*esclaves de la loi*. » (Adde mes PRINCIPIA JURIS, *not.* 2, *ad n.* 37, *et not.* 3, *ad n.* 1328.)

ut summo cùm jure, omninòque et suî et legum potens, quæ vellet faceret, et eorum quæ nollet faceret nihil. (DIO CASS. *lib.* 53.)

Voilà ce que les auteurs du Digeste appellent LEGEM REGIAM, *L.* 1, *pr. ff. de const. princ.* AUGUSTUM PRIVILEGIUM, *L. un.* § 14, *ff. de cad. toll.* LEGEM AUGUSTI, *L.* 14, *ff. de manum.* LEGEM IMPERII, *L.* 3, *C. de testam.* Et cette loi n'est autre chose qu'une récapitulation des différens sénatus-consultes faits et refaits en l'honneur d'Auguste et dans son intérêt.

Auguste, se voyant fondé en titre, et son empire commençant à s'affermir, (*adulto jam imperio*), essaya de se passer des suffrages du peuple; et, pour y réussir, il employa une double ruse.

D'abord, comme il voyait le peuple accoutumé à l'autorité du sénat, qui, sous la république même, était en possession de donner des sénatus-consultes; il fit rendre, par ce corps, diverses ordonnances sur des matières qui jamais n'avaient fait partie de ses attributions.

En second lieu, il fit de son chef plusieurs édits, par lesquels il ordonnait ce qui lui plaisait; de manière qu'il introduisit un droit nouveau dans tout ce qu'il voulut.

Si l'on demande comment Auguste parvint à justifier aux yeux du peuple cette manière de donner des édits, nous rappellerons que ce droit appartenait de toute ancienneté aux magistrats. Or, Auguste qui réunissait en lui les prérogatives de toutes les charges, paraissait n'user que du droit qu'elles lui conféraient, lorsqu'il donnait des édits. Si donc il en faisait quelqu'un pour les provinces, c'était comme *proconsul*; dans la ville, il agissait en vertu de la *puissance tribunitienne*; à l'armée, *tanquam imperator*; et en matière de religion, *tanquam pontifex maximus*. De cette manière, tout paraissait régulier.

Bientôt il institua de nouvelles dignités dont l'éclat tout nouveau devait diminuer celui des anciens titres; et en multipliant les créatures de son pouvoir, il s'en fit des appuis intéressés à le soutenir.

Le gouvernement des provinces méritait toute l'atention d'Auguste; et dans le partage qu'il en fit avec le sénat, il s'arrangea de manière qu'en lui laissant le soin de régir les pays tranquilles et dégarnis de troupes, il se réserva l'administration des contrées où la nécessité de se battre avait concentré les légions. En un mot, il s'empara si bien de toute l'autorité, qu'il put tout gouverner à son gré, par lui-même ou par ses agens.

Auguste, qui connaissait tout ce qu'il avait à craindre de l'influence des jurisconsultes, sentit aussi qu'il pourrait en tirer une grande utilité. Il mit donc tous ses efforts à se les attacher, et à se servir de leur crédit, soit pour miner l'autorité des préteurs, soit pour donner à la législation la tournure qu'il voulait qu'elle prît. Dans cette vue, il restreignit l'exercice de la profession (qui auparavant était permise à tous), à ceux-là seulement qu'il jugeait dignes de l'honneur d'être jurisconsultes; et en même temps, il imposa aux juges l'obligation de se conformer à leurs réponses. *L.* 2. § 47. *ff. de orig. jur.*

Depuis ce temps, les jurisconsultes commencèrent à signer leurs réponses ou consultations, et à mettre leurs noms à leurs ouvrages; ce qui ne se pratiquait pas auparavant. Sénèque, *de benef. VII*, 16, *L.* 2, § 47, *ff. de orig. jur.*

C'est ainsi qu'Auguste parvint à s'attacher tous les jurisconsultes de son temps, à l'exception néanmoins du premier d'entr'eux, du sage Labéon, que les louanges du plus sévère des historiens véridiques ont assez vengé des sarcasmes du plus souple des poëtes courtisans.

Cette indifférence de Labéon, pour les honneurs qu'Auguste lui avait offerts, fit naître parmi les jurisconsultes deux sectes, dont les principes étaient différens en beaucoup de points. Atéius Capito, chef de l'une de ces sectes, tenait scrupuleusement à ce qu'on lui avait enseigné : Labéon, au contraire,

Nullius assuetus jurare in verba magistri,

libre par caractère, plein de confiance dans sa doctrine, l'esprit orné d'ailleurs d'une foule de belles connaissances, mit en avant plusieurs opinions nouvelles. *L.* 2. § 47, *ff. de orig. jur.*

Tel fut l'état de la jurisprudence sous Auguste.

Tibère, son successeur, le plus défiant des tyrans, employa tous les artifices de son prédécesseur ; et déjà riche des découvertes et de l'expérience d'Auguste, il les fortifia de tous les moyens nouveaux que son génie put lui suggérer. Il usa d'abord de politique et de ménagemens ; et tant qu'il put craindre Germanicus, incertain de son pouvoir (*ambiguus imperandi*), il ne fit aucune loi, ne donna pas même un édit, sans consulter le sénat, ou sans se couvrir du voile de la puissance tribunitienne : mais dès qu'il eut souillé ses mains du sang de ce jeune prince, que ses vertus, ses rares qualités et l'amour des Romains lui rendaient redoutable, il devint tout autre; et ne songeant qu'à se faire craindre, il poursuivit la vengeance des plus légers propos tenus contre lui ou contre les siens. Sa devise était : *Oderint dum metuant.*

Il est vrai qu'à l'exemple d'Auguste, Tibère toléra que le peuple s'assemblât encore par centuries ou par tribus ; mais bientôt, sous prétexte que le trop grand nombre des citoyens rendait leur convocation difficile, il transféra au sénat tous les droits des comices. De ce moment, le prince put être despote impunément; car le sénat lui était si bassement dévoué, qu'un de ses membres aurait appréhendé de contrarier les volontés du maître, surtout à cette époque où les suffrages ne se donnaient plus au scrutin, comme dans les anciennes assemblées du champ de Mars ou du Forum ; mais où chacun était tenu d'opiner à haute voix, en présence de César qui, Jupiter de ces esclaves, *cuncta supercilio movebat.*

Le pouvoir législatif ne résidait donc plus qu'idéalement dans le peuple ; car d'ordinaire, « lorsque les empereurs » voulaient faire passer une constitu- » tion sur quelque matière, ils la fai- » saient proposer au sénat *per suos* » *quæstores candidatos;* et le sénat, » qui leur était asservi, ne manquait » pas de rendre un sénatus-consulte (1)

---

(1) *Id.* PRO LEGE *erat, et Senatus-consultum* DICEBATUR. Tacit. *Annal. VI*, 12.

» en conformité. » (POTHIER, *propriété*, *n.* 406, *in notâ.*)

Ainsi, le sénat n'était pour le prince qu'un bouclier, dont il se couvrait dans les occasions difficiles, contre les traits de la haine publique ; et les sénateurs eux-mêmes (1), au lieu d'être les défenseurs et les soutiens de la constitution romaine, n'étaient que les proditeurs du peuple, et les lâches adulateurs d'un tyran soupçonneux, qui ne leur laissait porter encore la pourpre que pour faire ressortir davantage la pâleur de leurs visages.

La jurisprudence ne doit rien au successeur de Tibère. Ce monstre qui n'avait d'humain que la forme, poussa l'absurdité jusqu'à faire nommer son cheval consul. On doit après cela s'é-

---

(1) *Esclaves consulaires.* (Sylla.)

tonner peu qu'il ait médité d'anéantir l'Ordre des jurisconsules, et de mettre l'arbitraire à la place de la loi (1).

Heureusement, sa tyrannie fut courte, et il n'eut pas le temps d'exécuter cet odieux dessein. Claudius (2), qui le suivit de près sur le trône, abolit tout ce qu'il avait pu faire d'ailleurs; et c'est pour cela qu'on ne voit rien

---

(1) *De Juris quoque consultis quasi scientiæ eorum omnem usum aboliturus, sæpè jactavit, se effecturum ne quid respondere possint*, PRÆTER ÆQUUM. Suet. *in Calig. c.* 34.

(2) Le plus célèbre des décrets de Claudius est celui qu'il fit rendre pour permettre à l'oncle d'épouser sa nièce (*filiam fratris*). A l'aide de ce décret, confirmé par un sénatus-consulte, il remplaça Messaline adultère, par Agrippine incestueuse. *Talia enim conjugia ad id tempus incesta habebantur.* SUET. *in Claud.* 26. TACIT. *Annal. XII*, 6.

dans le corps de droit qui doive à Caligula son institution.

Sous Adrien, la jurisprudence se perfectionne. Imitateur de Numa, il veut donner des lois à son peuple ; et dans cette vue, il ordonne la confection de l'Édit perpétuel.

Cet important ouvrage fut confié au jurisconsulte Salvius Julianus qui se trouvait alors préteur.

Il devait consister à réunir en un seul corps tous les édits annuels des anciens préteurs : mais Julien ne se borna pas seulement à les compiler ; et quand il le jugea nécessaire, il inséra dans son édit des décisions nouvelles, en supprima quelques-unes que l'usage avait abrogées, ou ne les adopta qu'avec des modifications.

Ce travail achevé, Adrien le présenta au Sénat, qui l'adopta sans difficulté par un sénatus-consulte.

L'autorité de cet édit fut telle, que, depuis sa promulgation, il a fait la règle fixe et invariable du droit; ce qui l'a fait nommer *édit perpétuel.* AULUGELLE, X, 15.

Il fut reçu dans les provinces comme à Rome. Seulement à Rome, on l'appelait *prætorium*, *urbanum*, *urbicum;* et dans les provinces, *provinciale.*

Depuis la promulgation de cet édit, non-seulement les magistrats ne se permirent plus d'introduire un droit nouveau; mais les princes mêmes se plurent à proclamer qu'il n'était permis à personne d'y déroger; *L.* 13, *C. de testam.;* qu'il était absurde de s'écarter de ses dispositions; *L.* 2, *C. de condit. insert.;* et qu'en vain on réclamait contre: *L.* 2, *C. de suc-*

ces. edict.; que c'était témérairement qu'on demandait à être exempté des peines prononcées par cet édit; *L.* 2, *C. de in jus vocando*; qu'on ne pouvait rien attendre du prince, lorsqu'on lui demandait des choses contraires au droit; *L.* 1, *C. Hermog. de calum.*; enfin, Paul nous apprend qu'il n'était pas même besoin d'appeler des sentences qui renfermaient violation de l'édit; *L.* 7, § 1, *ff. de appel. recip. vel non.*

Ce nouveau code amena un changement dans l'étude du droit, en ce qu'au lieu d'apprendre d'abord la loi des XII Tables ou l'édit annuel du préteur, les légistes commencèrent par étudier l'édit perpétuel, qui ne tarda pas à devenir aussi le sujet des commentaires de plusieurs jurisconsultes célèbres.

Adrien introduisit encore un changement remarquable, en rendant la profession de jurisconsulte libre comme elle l'était avant Auguste, et en accordant généralement le droit de consulter à quiconque *fiduciam suî haberet. L. 2, § ult. ff. de orig. jur.*

Enfin, sous Adrien, la législation prit décidément une autre forme : car, au lieu qu'avant lui les empereurs avaient toujours eu soin de faire confirmer leurs édits par un sénatus-consulte; Adrien (dont l'exemple en cela fut suivi par ses successeurs), ordonna le plus souvent, de son propre mouvement et sans consulter le sénat, ce qu'il croyait nécessaire, en sorte qu'on put dire avec vérité, sous son règne, *Roma est, ubi imperator est.* HERODIAN. *hist. lib.* 1, *c.* 6.

Depuis ce temps, les constitutions

des empereurs se sont indifféremment appelées *constitutiones*, *edicta*, *decreta*, *interloquutiones*, *rescripta*, *etc.* (1).

Sous tous les empereurs qui suivirent jusqu'à Dioclétien, malgré les révolutions de l'empire et les catastrophes des Césars, on vit bien paraître d'excellens jurisconsultes; mais depuis ce temps, le goût de la science se perdit peu à peu, et personne n'entreprit de rendre à la juris-

(1) Macrin, compétiteur d'Héliogabale, conçut le dessein suivant : *Omnia rescripta veterum principum tollere statuit, nefas esse dicens, leges videri Commodi et Caracallæ hominum imperitorum voluntates, quùm Trajanus numquàm libellis responderit, ne ad alias causas facta proferrentur, quæ viderentur ad gratiam composita.* Jul. Capit. *in Macrin. cap.* 13.

prudence un éclat qui diminuait de plus en plus. Quelques professeurs, il est vrai, enseignaient encore le droit à Rome et à Constantinople; mais leurs efforts ne les menèrent pas au-delà; et Lactance se plaint avec raison de ce qu'au temps dont nous parlons, il n'y avait plus d'éloquence, plus d'avocats, plus de jurisconsultes. *Extinctam esse eloquentiam, causidicos sublatos, jurisconsultos aut necatos aut relegatos.* LACT. *de mort. persec. cap.* 22.

CHAPITRE V.

Droit romain depuis Constantin jusqu'à Justinien.

L'INTRODUCTION du christianisme dans l'empire romain, et la conversion de Constantin, durent amener dans la jurisprudence plusieurs changemens. On doit attribuer à cette cause les lois de cet empereur concernant la permission de donner aux églises, *L.* 1, *C. de sacros. eccles.*; la suppression des combats de gladiateurs, *L. un. C. de gladiat.*; l'obligation de célébrer le dimanche, *L.* 3, *C. de feriis*; et tant d'autres lois accommodées au christianisme, qui firent dire de lui : *Quod novas leges regendis moribus et frangendis vitiis constituerit, Veterum calumniosas ambages resciderit, hæque captandæ simplicitatis laqueos perdiderint.* (NAZARIUS, *in panegyr. c.* 38.)

Sous cet empereur, la jurisprudence reprit une vie nouvelle, et il parut encore quelques savans jurisconsultes, tels que Hermogenianus, Charisius et Julius Aquila.

Mais ce qui répandit le plus grand lustre sur cette belle science, fut l'institution des écoles de droit. Les plus renommées furent celles de Béryte, de Rome et de Constantinople ; elles s'acquirent même une faveur telle, que pour les conserver dans toute leur splendeur, Justinien leur accorda le privilége exclusif d'enseigner le droit publiquement, et fit fermer quelques écoles rivales qui commençaient à s'ouvrir à Alexandrie et à Césarée.

L'école de Béryte surtout était sans contredit la plus ancienne et la plus florissante. Dès l'an 248, Grégoire Thaumaturge appelait cette ville *urbem planè romanam, et legum romanarum scholâ ornatam*. Dioclétien et Maximien qui vivaient aussi dans le troisième siècle, en parlent également avec éloge dans la loi, 1. *C. qui ætate vel profess. excus.* Dans le quatrième siècle, l'affluence des élèves y était si grande, que Libanius (*orat.* 26) se plaint de ce que les jeunes gens abandonnaient l'étude de l'éloquence pour se livrer exclusivement à celle du droit.

En vain cette ville fut désolée (à peu près à cette époque) par un horrible tremblement de terre ; bientôt

6

elle sortit de ses ruines plus éclatante et plus belle qu'auparavant ; car Nonnus qui écrivait dans le 5e siècle, en louant le zèle avec lequel on se livrait dans Béryte à l'étude du droit, l'appelle *matrem legum ;* de même que, dans le 6e siècle, Justinien la nomme *civitas legum veneranda et splendida metropolis, et legum nutrix.* D'autres écrivains louent la fréquence et l'assiduité des auditeurs, et la profonde doctrine des professeurs, parmi lesquels on comptait à cette époque Dorothée et Théophile, dont Justinien se servit pour composer son Corps de droit.

Mais cet éclat ne pouvait pas toujours subsister : cette ville aussi infortunée qu'illustre, fut bientôt victime d'un nouveau tremblement de terre ; et un incendie qui acheva de la désoler peu de temps après, découragea les efforts que faisaient ses malheureux habitans pour la relever.

Mais revenons à Constantin, et remarquons que les modifications qu'il fit subir à la législation romaine n'eurent pas uniquement pour objet le droit civil, mais encore le droit public. En effet, il divisa l'empire en quatre grands gouvernemens ou préfectures prétoriennes; et ce qui mérite surtout d'être remarqué, il transféra le siége de l'empire à Constantinople; événement qui, d'une part, abandonnant Rome à l'ambition des pontifes, leur laissa la facilité d'y étendre et d'y affermir leur domination; et qui de l'autre, ouvrit l'Occident aux barbares, qui déjà se préparaient à fondre sur les plus riches provinces de l'empire romain.

Rien ne déplaisait tant aux jurisconsultes d'alors, que les changemens multipliés que Constantin faisait aux constitutions de ses prédécesseurs, et le projet qu'il semblait annoncer de réformer l'ancien droit, auquel ils étaient tout accoutumés. C'est pourquoi, craignant que les constitutions données depuis Adrien ne périssent ou ne tombassent en désuétude, ils travaillèrent à les réunir sous différens codes, espérant qu'à ce moyen, ils pourraient les disputer au temps et les arracher à l'oubli.

Grégorius ou Grégorianus est le premier qui ait compilé les constitutions rendues depuis Adrien jusqu'à Constantin, et qui les ait classées sous différens titres.

Sa compilation, quoiqu'elle ne fût que l'ouvrage d'un simple particulier, jouit néanmoins d'une grande autorité.

Peu de temps après, Hermogénien entreprit aussi de faire un code qui ne paraît être qu'un extrait du précédent, et dans lequel il réunit avec beaucoup d'exactitude les constitutions de Dioclétien et de ses collègues.

Les enfans de Constantin suivirent le plan de leur père, et travaillèrent de tout leur pouvoir à simplifier la jurisprudence, et à favoriser la religion qu'ils venaient d'embrasser.

Mais bientôt Julien, qui se conduisait dans d'autres vues, vint renverser tout ce qu'ils avaient établi dans l'intérêt de la religion chrétienne; et mit la jurisprudence dans un discrédit tel que les hommes libres cessèrent de l'étudier, et laissèrent cette occupation aux affranchis (1).

---

(1) *Juris civilis scientia, quæ Manlios*

***

Heureusement son règne ne fut pas de longue durée ; et les empereurs qui lui succédèrent jusqu'à Théodose-le-Grand, reprirent le système de Constantin, et s'efforcèrent de faire disparaître toutes les difficultés de l'ancien droit.

Mais les peines mêmes qu'ils se donnèrent pour atteindre ce but, ne firent qu'augmenter l'embarras, et rendre la science plus épineuse et plus difficile ; en effet, leurs constitutions multipliées à l'infini, se joignant aux ouvrages des jurisconsultes qui faisaient autorité au barreau (1), firent de la jurisprudence un labyrinthe inextricable.

Scævolas, Servios in amplissimos gradus dignitatis evexerat, LIBERTINORUM *artificium dicebatur.* MAMERTIN. *Panegyr. XI, cap.* 20.

(1) Le nombre de ces ouvrages s'élevait du temps de Justinien à près de 2000, et aurait

Théodose-le-Jeune et Valentinien crurent trouver un remède à ce mal, en établissant (l'an 426) qu'on ne pourrait citer que les ouvrages de Papinien, Paul, Caius, Ulpien et Modestinus; et qu'en cas de dissidence d'opinion, le plus grand nombre l'emporterait, ou qu'à nombre égal Papinien ferait pencher la balance; mais il est évident qu'ils se trompaient, puisqu'ils s'attachaient moins à ce qui était juste en soi qu'à ce qui faisait autorité; et qu'en cas d'opposition entre les avis, ils comptaient les suffrages au lieu de les peser.

Quoi qu'il en soit, Théodose ne se découragea pas, et résolu de réduire à

---

fait, selon l'expression d'Eunapius, la charge de plusieurs chameaux; *multorum camelorum onus*.

certain point les constitutions des empereurs, il confia l'exécution de ce dessein à huit jurisconsultes, parmi lesquels on compte Antiochus, et il promulgua, en 438, un code appelé de son nom, *Code Théodosien*, qui comprenait toutes les ordonnances des princes, depuis Constantin-le-Grand jusqu'à lui.

Mais cela n'empêcha pas ses successeurs et ne l'empêcha pas lui-même de faire depuis un assez grand nombre de lois, qui prirent le nom de *Novelles*, et qui, avec le temps, s'accumulèrent au point de replonger la jurisprudence dans le même chaos d'où l'on avait travaillé si long-temps à la faire sortir. Tel était l'état de la jurisprudence, lorsque Justinien parvint à l'empire.

CHAPITRE VI.

Composition du corps de droit.

Nous arrivons enfin au temps de Justinien. Ce prince naquit en 482; il fut associé à l'empire, l'an 527, par son oncle Justin, qui mourut peu de mois après, et lui laissa le monde à gouverner seul.

Justinien, pendant un règne de 33 ans, s'appliqua à faire respecter les frontières de ses États, à pacifier l'Église, à bâtir et orner des villes, et à refondre en entier la législation romaine.

En effet, ce monarque voyant le déplorable état où se trouvait réduite la jurisprudence, conçut le projet de resserrer tout le droit romain dans un cadre plus étroit, et partant, plus facile à saisir.

Pour l'exécution de cette vaste entreprise, il prit soin d'associer aux hommes d'État les plus illustres et les plus consommés, les professeurs les plus habiles des écoles de Béryte et de Constantinople, et les avocats les plus renommés au barreau pour leur savoir, et les plus accrédités pour leur éloquence.

Il mit à la tête de ces hommes d'élite Tribonien, l'un des grands dignitaires de l'empire; et il leur prescrivit de choisir dans les codes précédemment promulgués les meilleures constitutions, et de les réunir en un seul corps divisé en XII livres, leur recommandant surtout d'élaguer l'inutile et de rectifier ce qui ne se trouverait plus d'usage.

Le résultat de ce premier travail produisit un code auquel Justinien donna son nom (1), comme on le voit dans une constitution qu'il rendit en 529, et par laquelle il abrogea tous les codes antérieurs, et ordonna que le sien eût seul force de loi.

Ensuite, réfléchissant que les prin-

---

(1) Procope dans ses Anecdotes reproche à Justinien d'avoir eu la manie de donner son nom à tout (quòd omnia à suo nomine dici voluerit). *Nam* (inquit) *statis magistratuum formis* LEGUMQUE *et militarium ordinum abrogatis, alias invexit, non jure, non publico commodo adductus, sed ut omnia nova, et de* SUO NOMINE *dicerentur. Rei cujus statim abolendæ copia non fuisset, saltim* SUUM *indidit* VOCABULUM.

cipes de la jurisprudence romaine se trouvaient plus complètement réunis et plus solidement établis dans les ouvrages *ex professo* des anciens jurisconsultes, que dans les ordonnances partielles dès princes ses prédécesseurs, Justinien chargea de rechef dix-huit savans, à la tête desquels il mit encore Tribonien, de prendre dans ces ouvrages tout ce qu'ils trouveraient de bon et d'applicable aux mœurs de son temps.

Cette opération leur fut confiée l'an 530; et quoique Justinien leur eût accordé dix années pour la terminer; ils s'y livrèrent avec tant d'ardeur et de zèle, qu'ils achevèrent en trois ans cet énorme travail, qui fut appelé Digeste ou Pandectes, parce qu'il comprenait dans son ensemble des décisions sur toutes les matières du droit.

Quòd omnes disputationes et decisiones in se haberet legitimas, et, quod undiquè esset collectum, in sinus suos recepisset. L. 2, § 1, C. de vet. jure enucleando.

Aussitôt après la confection des Pandectes, Justinien adjoignit à Tribonien, Théophile et Dorothée, et leur ordonna de composer sur les abrégés des anciens jurisconsultes, et principalement sur les institutes de Caïus, des *institutes imperiales*, qui ne devaient contenir que les premiers élémens de la jurisprudence; *ut illæ essent totius legitimæ scientiæ prima elementa.* (Procem. inst. § 4.)

Cet ouvrage, quoique postérieur aux Pandectes, fut néanmoins promulgué auparavant; car, il fut rendu exécutoire par une constitution en date du 21 novembre 533, tandis que le Corps entier du droit ne le fut que le 13 décembre suivant, par une autre constitution qui ordonna de le garder et observer dans le forum, et de l'enseigner dans les écoles de Rome, de Constantinople et de Béryte.

Cependant Justinien ne tarda pas à s'apercevoir que, malgré la recommandation qu'il avait faite de ne laisser subsister dans son Code aucun vestige des contradictions que présentaient les opinions opposées des jurisconsultes de diverse secte, il restait encore plusieurs points controversés. Pour ôter jusqu'à la moindre trace de ces antinomies, il promulgua, sous le consulat de Lampadius et d'Oreste, 50 décisions, *Quinquaginta decisiones*, qu'il distribua ensuite sous les différens titres de son code, lors de la révision qu'il en fit faire bientôt après.

Cette révision était devenue nécessaire ; car, depuis la confection de son code, Justinien avait porté plusieurs constitutions qui s'en trouvaient détachées ; et dans ce Code même, se rencontraient plusieurs décisions, dont le temps avait fait sentir le vice ou l'abus et qui paraissaient susceptibles d'amélioration. Ces considérations le déterminèrent à charger de nouveau Tribonien et quatre autres personnages qu'il lui adjoignit, de reviser son ancien code, et de refondre dans le nouveau les cinquante décisions dont on a parlé, ainsi que ses constitutions subséquentes, et d'y faire les changemens convenables. Ce second code a remplacé le premier, et a été promulgué le 16 décembre 534, sous le titre de *Codex repetitæ prælectionis*.

Justinien ayant encore régné plusieurs années depuis l'émission de ce dernier code, on ne doit pas être surpris qu'il se soit trouvé forcé de décider quelques-unes de ces questions neuves, que la mobilité des circonstances fait naître à chaque instant. C'est ce qu'il fit par des constitutions nouvelles, *Novellæ constitutiones*, écrites en grec pour la plupart, et dont il projetait de faire une compilation séparée, comme il l'annonce lui-même dans la const. *Cordi nobis*, §. 4, *de emend. Cod.* (1).

---

(1) Il paraît même que Justinien exécuta depuis ce projet, comme nous l'atteste Agathias, *lib.* 5, p. 140, et Paul. Diac. *hist. Longob. lib.* 1, c. 25. Et de fait cette collection dont parle Paul. Diac. ne semble pas autre que celle qui fait aujourd'hui partie du Corps

Voilà tout ce qui compose le Corps des lois romaines : compilation qui, depuis plus de sept siècles, a été si amèrement critiquée, si vivement défendue; les uns n'y relevant que des défectuosités, les autres s'obstinant à n'y trouver rien que de bon et de bien (1).

Quant à nous, si nous disons notre avis, nous avouerons sans peine que le Corps de droit n'est pas exempt

de droit, et qui se trouve distribuée en neuf collations, comprises sous le titre général de *Novellæ*.

(1) Voyez FRANC. HOTOMAN. *in Antitriboniano*; BALDUINUS, *in Justiniano;* AUTUMNUS *in censurâ gallicâ juris romani*; BERTHELOT dans son *Apologie du droit romain*, ouvrage écrit avec autant d'aisance et de pureté que de critique et de profondeur.

*

de reproches, et nous conviendrons, par exemple, qu'on aurait pu lui donner moins d'étendue et le distribuer dans un meilleur ordre; mais aussi, nous ajouterons que ces défauts sont excusables dans un ouvrage de si longue haleine, fait de main d'homme, et conséquemment destiné à rester imparfait. Car, ainsi que le disait Justinien lui-même, *in nullo aberrare, seu in omnibus irreprehensibilem et inemendabilem esse, divinæ utiquè solius, non autem mortalis est constantiæ seu roboris. L.* 3, § 13, *C. de vet. jur. enucleando.*

Au surplus, ces défauts n'empêchent pas que le Corps des lois romaines ne soit une source inépuisable de doctrine et de raison, et qu'on ne doive dire de cet ouvrage comme de tous ceux où le bon surpasse le mauvais,

Ubi plura nitent in carmine, non ego paucis
Offendar maculis, quas aut incuria fudit,
Aut humana parùm cavit natura.

HORAT. *art. poet.* *v.* 351.

CHAPITRE VII.

Quel fut, après Justinien, le sort de sa législation.

VOYONS maintenant quel fut, après Justinien, le sort de sa législation, soit en Orient, soit en Occident.

Et d'abord il est bien certain que le corps de droit promulgué par cet empereur fut reçu de suite en Orient, soit dans les tribunaux, soit dans les écoles de jurisprudence. Mais comme la plupart des juges et des professeurs ne connaissaient que médiocrement la langue latine, on sentit peu à peu le besoin de traduire en grec les lois que Justinien avait promulguées en latin.

La première traduction qui parut fut celle des institutes. Théophile, le même que Justinien avait employé à leur rédaction, en donna, du vivant même de cet empereur, une paraphrase grecque qui est parvenue jusqu'à nous, et dont les meilleures éditions ont été publiées par Fabrot et Denis Godefroy.

Thalelæus, qui était également contemporain de Justinien, donna aussi des Pandectes une version grecque qu'on trouve très-souvent citée dans les Basiliques.

Réciproquement, les Novelles de Justinien, qui, pour la plupart, avaient été composées et promulguées en grec, furent traduites en latin par Julien, l'antécesseur, qui, en 750, en donna un excellent abrégé qui se trouve à la suite du commentaire des frères Pithou, sur le code. *Paris*, 1689, *in-folio*.

On se servit de ces traductions au barreau et dans les écoles, jusqu'au 19e siècle, que les empereurs de Constantinople songèrent à en faire faire un compendium. En 838, Basilius Macédo publia le premier un recueil abrégé, sous le titre de φροχειρῶν τῶν νομῶν. Léon, le philosophe, continua l'entreprise de son père, fit retoucher cette traduction, et la promulgua l'an 886, sous le titre de διαταξεων Βασιλικῶν. Enfin, Constantin porphyrogénète y mit la dernière main, et publia au commencement du 10e siècle les livres des Basiliques.

Ces livres sont composés de la version grecque des Institutes, des Pandectes, du Code, des Novelles et des Édits de Justinien, des paratitles et commentaires de quelques Jurisconsultes de l'empire d'Orient. On y a même fait entrer plusieurs passages des Pères et des Conciles.

Cette version toutefois n'est pas littérale ; elle diffère du texte en plusieurs endroits. Quelques lois s'y trouvent omises, d'autres au contraire y ont été ajoutées ; d'autres enfin s'y trouvent abrégées et tronquées.

Cet ouvrage n'était pas très-facile à entendre même pour les Grecs, à en juger d'après ce que dit Psellus, *interpretatu difficile est et maximè obs-*

curum. Charles-Annibal Fabrot, avocat au parlement d'Aix, en entreprit, de l'avis du chancelier Séguier, une traduction latine, qu'il donna au public, en 1647, 7 vol. *in-folio*.

Les Basiliques ont été observées dans tout l'Orient; et l'on en a la preuve dans une foule d'ouvrages de jurisprudence écrits en grec depuis le 11e jusqu'au 14e siècle, où cette compilation est cité et commentée.

Leur autorité n'a cessé qu'en 1435, où la prise de Constantinople, par les Turcs, a mis fin à l'empire d'Orient.

Mais revenons à l'empire d'Occident. Plusieurs des provinces de cet empire étaient tombées au pouvoir des barbares. D'autres, quoiqu'en petit nombre, étaient restées sous la domination des empereurs romains.

Dans celles-ci, le droit de Justinien

fut certainement en usage ; car cet empereur avait ordonné de l'observer dans tout l'empire, et de l'enseigner exclusivement dans toutes les écoles.

Quant aux provinces envahies par les barbares, les vainqueurs ne se réservant que le pouvoir militaire, laissèrent généralement aux vaincus l'usage des lois romaines. Et toutefois ces lois n'étaient pas celles promulguées par Justinien ; mais plutôt les codes Grégorien, Hermogénien et Théodosien ; avec les institutes de Caïus, les sentences de Paul et les écrits de quelques autres jurisconsultes, dont Alaric, roi des Wisigoths, fit faire, en 506, par Anien, son chancelier, un abrégé que les historiens et les jurisconsultes ont indifféremment appelé CORPUS THEODOSIANUM, *Baluz. tom.* x, *p.* 474. LEX ROMANA, *idem*, *tom.* 2, *p.* 995. *Ducange*, *Glossar. hâc voce :* BREVIARIUM ANIANI. Voyez *Jac. Godefroy*, *in proleg. Cod. Theod. cap.* 5.

Les Ostrogoths en usèrent de même : leur roi Théodoric ordonna, dans la préface de son édit, qu'il serait exécuté, *salvâ Juris publici reverentiâ*, *et legibus omnibus cunctorum devotione servandis.*

Cassiodore nous atteste également que le droit romain continua de régir les pays conquis ; car telle était l'humanité de ces conquérans nommés barbares, qu'ils laissaient aux vaincus le choix de la loi sous laquelle ils voulaient vivre.

Suivant ces principes d'une politique tolérante, les Bourguignons permirent aux Romains qui vivaient dans leur royaume, de suivre la loi romaine. Il faut juger les Romains suivant les lois romaines, dit Gondebaud dans le préambule de la loi des Bourguignons. *Inter Romanos verò, sicuti à parentibus nostris statutum est*, ROMANIS LEGIBUS *præcipimus judicari*. Voyez *Lindenbrog. p.* 267; et voilà pourquoi Papien, à l'exemple d'Anien, composa un livre de réponses, *Liber responsorum*, tiré du code de Théodose, des Novelles du même empereur et de ses successeurs, et des livres de plusieurs jurisconsultes, pour servir de règle aux citoyens qui préféraient le régime de la loi romaine à celui de la loi gombette.

Les Francs eux-mêmes, quoiqu'ils eussent des lois (1) et des coutumes na-

---

(1) La loi Salique et la loi des Ripuaires. EGIN. *in vita Carol. Mag. cap.* 29. BALUZ. t. 1, p. 989.

tionales, accordèrent pareillement aux vaincus la faculté d'opter pour le droit qui leur paraîtrait préférable. C'est ainsi que Clotaire ordonna que les contestations entre Romains seraient jugées suivant les lois romaines; *causas inter Romanos controversas romanis terminari legibus*. Baluz. *tom.* 1, *Capit. p.* 7.

Les choses restèrent sur ce pied jusqu'au temps de Charlemagne qui, en 804, sentant le besoin de pourvoir de lois les nations auxquelles il avait préalablement donné un maître, ordonna de rédiger par écrit les coutumes de tous les peuples de sa domination (1).

(1) Eginard, dans la Vie de Charlemagne, chap. 20, nous atteste ce fait : *Eum nimirùm omnium nationum, quæ sub ejus dominatu erant, jura, quæ scripta non erant, describi*

De-là sont venues les lois des Allemands, des Bavarois, des Lombards, etc., que Eccard, Lindenbroge, Dom Bouquet et autres ont compilées avec tant d'érudition.

Quoique, dans ces premiers temps, on paraisse s'être servi en Orient du Code et des Novelles plutôt que des Pandectes, il ne faut cependant pas croire que les Pandectes eussent absolument cessé d'exister. L'opinion la plus accréditée à cet égard est qu'on en découvrit un exemplaire dans la ville d'Amalphi qui fut prise en 1137 par Lothaire II. Cet empereur en fit don à ceux de Pise qui l'avaient aidé de leur flotte dans

---

ac litteris mandari fecisse ; et c'est ce qui a fait dire à un ancien poëte :

Cunctorum sui regni leges populorum
Collegit, plures indè libros faciens.

son expédition. Des Pisans cet exemplaire passa aux Florentins (1); et Irnerius qui enseignait alors à Bologne, ayant eu besoin d'y recourir, en prit occasion de l'expliquer dans ses leçons. Lothaire lui-même en introduisit l'usage dans les écoles et dans les tribunaux. Voyez sur toute cette histoire, Sigonius, *de Regn. Ital. lib.* 7. HENRY BRENKMAN, *de Amalphi à Pisanis direpta*, § 24, *p.* 65; et le CARDINAL D'OSTIE, *in cap.* 1, *pr.* X *de test. n.* 2.

---

(1) C'est ce qu'on appelle les *Pandectes Florentines*. On les regarde généralement comme les plus exactes que nous ayons. *Cujacius persuaserat sibi Florentinas Pandectas esse* OMNIUM INTEGERRIMAS; *proindèque eas* CASTIORA DIGESTA *appellavit in comment. ad* §. *ult. l.* 3, *ff. de acq. vel amitt. poss. lib.* 54. *Pauli ad edictum.*

**

Depuis cette époque, le droit romain fut effectivement enseigné dans toutes les Universités de l'Europe, et cousu de notes et de scolies, par une foule de docteurs, dont Accurse réunit ensuite toutes les gloses dans une seule.

La glose d'Accurse a joui d'une très-grande célébrité; son crédit a même été jusqu'à surpasser celui du texte, comme nous l'attestent plusieurs auteurs, et notamment Fulgose, qui, dans une note sur la loi 6, *C. de oblig. et act.*, n'hésite pas à dire qu'il préfère la glose au texte, *volo enim pro me potiùs glossatorem, quam textum;* mais aujourd'hui, elle est tombée dans un discrédit total.

Les jurisconsultes de cette école ne se bornèrent pas à commenter le texte du Corps de droit : ils imaginèrent de lui donner une autre division ; et créèrent cette distinction, que les modernes n'ont point adoptée, *digestum vetus*, *infortiatum*, *et novum*.

De plus, ils abrégèrent les Novelles, et les reportèrent, par forme d'apostilles, en marge des lois que ces Novelles avaient pour but de changer ou de modifier. Ils finirent même par insérer ces extraits dans le Code, sous le titre d'*Authentiques*, quoiqu'il soit certain qu'en plusieurs endroits, ils ne reproduisent pas fidèlement le sens du texte.

L'invasion des barbares avait amené le système des fiefs ; et ce système, en se compliquant, avait introduit une foule de coutumes nouvelles, que trois sénateurs de Milan rédigèrent par écrit et ajoutèrent au Corps de droit, sous le titre de *Consuetudines feudorum.*

Tels furent les travaux des jurisconsultes de cette première école, qui fleurit dans le 12e et le 13e siècles.

Dans le 14e, vécurent Bartole, Balde, Tartagne, Salicet, Paul de Castres, Jason, etc., qui ne se bornèrent plus à faire des notes détachées sur le Corps de droit, mais qui le commentèrent avec plus de suite et d'étendue. Et pourtant, quoique les écrits de ces jurisconsultes offrent des rapprochemens admirables et des décisions d'une grande justesse, on ne peut s'empêcher d'avouer qu'on y trouve aussi beaucoup d'inepties, de sottises et de puérilités. Mais il en faut accuser un siècle où les hommes studieux étaient destitués, pour le fonds et pour le langage, des secours que les bonnes études et une connaissance plus exacte de l'histoire, de la philosophie et de la critique, ne devaient offrir qu'aux âges suivans.

Ce n'est guère, en effet, que dans le 16e siècle que la jurisprudence sortit du chaos, et jouit d'une splendeur qu'elle dut à Cujas (1), aux frères Pithou, à P. Faber, Fr. Hotoman, et à tant d'autres savans que fournit la France, et particulièrement l'illustre école de Bourges (2).

---

(1) Cujas est, sans contredit, le premier des interprètes du Droit; il introduisit une nouvelle manière de traiter et de commenter le Droit romain. La Jurisprudence romaine devint *elegantior;* et Nettelbladt nous apprend que cette jurisprudence mieux cultivée, plus polie, fut nommée *Jurisprudentia Cujaciana.*

(2) On sait à quel point la science du droit fut cultivée dans cette ville, qui d'ailleurs a

Mais, si ce siècle eut ses avantages, il eut aussi ses inconvéniens. Le goût des lettres, en perfectionnant l'esprit des commentateurs, leur donna en même temps plus de subtilité ; au point que, si l'on en excepte un petit nombre, on verra que tous les auteurs qui ont travaillé sur le droit romain,

---

donné le jour à tant d'hommes célèbres. On y révère singulièrement la mémoire de Cujas; chacun y montre encore aux étrangers la maison qu'il habitait, et son portrait est conservé dans l'une des salles du palais de Jacques Cœur. Mais il est à regretter qu'il soit dans un jour tellement défavorable, qu'on y distingue à peine les traits de ce grand homme ; et c'est avec un vrai sentiment de piété que nous exprimons le désir de voir transférer cette précieuse image dans la salle de la Cour d'Appel. Ses magistrats, aussi savans que vertueux, en seraient les dignes dépositaires.

n'ont employé leur temps et leurs soins qu'à poursuivre des chimères, à se créer des monstres pour avoir le plaisir de les combattre, et à rechercher des antinomies souvent imaginaires, uniquement pour se montrer fins et subtils, et pour faire dire d'eux, qu'ils avaient enfin trouvé ce que nul autre auparavant n'avait soupçonné. *Commentis veritatem obruunt*, dit Duaren, *quo aliquid paulò argutiùs nec ab aliis antè excogitatum in medium adduxisse videantur* (1).

Ce mauvais goût a eu son terme, et la manière des jurisconsultes est devenue plus polie. En 1583, Denis Godefroy donna une édition du Corps de droit qui fit époque parmi les juris-

(1) Voyez nos *Réflexions sur l'enseignement du Droit*, 3e édition, p. 161.

consultes, et dont le texte fut adopté pour leçon commune dans les universités et au barreau. Il y joignit des notes qui sont un chef-d'œuvre de science, de critique, de précision et d'élégance, et qui l'ont fait nommer, par M. D'Aguesseau, le plus docte et le plus profond de tous les interprètes des lois civiles.

Pothier, après lui, travailla sur un nouveau plan. Au lieu de commenter servilement le texte des lois romaines, il les rangea dans un nouvel ordre, leur assigna des divisions plus naturelles, et prouva qu'une méthode où tout est exactement lié, est le meilleur moyen d'éclaircir ce qui est obscur ou confus :

Tantùm series juncturaque pollet !

Heineccius poussa plus loin la hardiesse : fort de sa doctrine et maître de sa matière, il ramena chaque partie du droit à ses premiers élémens; et procédant à la manière des géomètres, il réduisit la jurisprudence à sa plus simple expression, et forma de ses axiômes une chaîne dont tous les anneaux se lient avec une exactitude qui en fait la principale force.

CHAPITRE VIII.

Du Droit romain dans le 19e *siècle.*

TEL était l'état de la jurisprudence romaine à la fin du 18e siècle.

Bientôt une révolution terrible éclata. Son premier effort se porta sur les lois. Les anciennes institutions furent détruites ; les écoles de droit furent fermées ; les lois romaines réduites au silence, ainsi que nos vieilles lois françaises, et le tout remplacé par une foule de lois qui se succédaient sans suite, et se multipliaient sans raison. *Corruptissimâ republicâ, plurimæ leges*, TACIT. *annal.* III, 27.

Mais un siècle plus heureux commence :

Magnus ab integro sœclorum nascitur ordo.

L'ordre succède au chaos, un gouvernement ferme sort du sein de l'anarchie, des fondemens solides s'élèvent du milieu des ruines ; tout renaît, et la France devenue maîtresse de l'Europe par la force de ses armes, affermit son empire par la sagesse de ses lois. Les écoles de droit sont rouvertes, et la foule des élèves s'y précipite. On y enseigne le Code Napoléon ; mais un de ses rédacteurs avait fait pressentir qu'on ne saurait jamais ce Code, si l'on n'étudiait que lui seul ; et l'on arrête que les lois romaines feront partie de l'enseignement. « Lois aussi » étendues que durables (peut-on dire » avec le chancelier D'Aguesseau), » toutes les nations les interrogent » encore à présent, et chacune en re-

» çoit des réponses d'une éternelle vé» rité. C'est peu pour les jurisconsultes » romains d'avoir interprété la loi des » XII Tables, et l'édit du préteur ; ils » sont les plus sûrs interprètes de nos » lois mêmes ; ils prêtent, pour ainsi » parler, leur esprit à nos usages, » leur raison à nos coutumes ; et par » les principes qu'ils nous donnent, ils » nous servent de guides, lors même » que nous marchons dans une route » qui leur était inconnue. » *Tome* 1, *p.* 157.

« Au reste (dirons-nous encore avec » Bossuet), si les lois romaines ont paru » si saintes que leur majesté subsiste » encore malgré la ruine de l'Empire, » c'est que le bon sens, qui est le » maître de la vie humaine, y règne » partout, et qu'on ne voit nulle part » ailleurs, une plus belle application

» des principes de l'équité naturelle. »
Hist. univ. p. 579.

Travaillez donc, jeunes élèves, à vous pénétrer de ces règles précieuses; faites servir l'étude des lois romaines à l'intelligence des lois nationales, et au développement des principes constitutionnels : travaillez, montrez-vous habiles, et rendez-vous capables d'être utiles à votre pays, à vos amis, à vous-mêmes. *Pergite, ut facitis Adolescentes; atque in id studium, in quo estis, incumbite, ut et vobis honori, et amicis utilitati, et reipublicœ emolumento esse possitis.* Cic. I. *de Orat.*

***

APPENDICE.

ABRÉVIATIONS

Usitées pour la citation des Lois et des Auteurs.

ARG. *Argumento* : par un argument tiré de telle loi.

AUTH. *Authentica* : dans l'authentique, c'est-à-dire, dans le sommaire de quelque novelle insérée dans le Code, sous tel titre. (Voyez *suprà*, p. 91.)

CAP. *Capite* ou *capitulo* : dans le chapitre tant de telle novelle.

C. ou Cod. *Codice :* au code de Justinien.

Cod. Theod. *Codice Theodosiano :* au code Théodosien.

Col. *Columnâ :* dans la colonne 1 ou 2 d'une page de quelque interprète que l'on cite.

Coll. *Collatione :* dans la collation de telle ou telle des Novelles de Justinien.

D. *Dicto* ou *Dictâ :* c'est-à-dire, à l'endroit ou dans la loi citée auparavant.

D. *Digestis :* au digeste.

DD. *Doctores :* les docteurs.

Eod. *Eodem :* au même titre, au même endroit.

F. *Finali :* dernier ou dernière.

ff. *Pandectis seu digestis :* Dans le digeste ou dans les pandectes ; sur quoi il faut remarquer que les Grecs marquaient les pandectes par cette lettre Π, au lieu de laquelle on s'est servi dans la suite de deux ff jointes ensemble. *Digestorum liber ideò duplici ff signatur, quòd græci per* Π̃ *cum accentu circumflexo notabant, sub quibus et digestorum libri comprehensi sunt : undè facili liturâ* Π *in ff latine inolevit*, dit Calvin, dans son *Lexicon Juris*. On désignait donc par deux Π Π les pandectes ; et comme les copistes ont pris ces deux Π Π pour deux ff, de-là est venue, dit-on, la méthode de citer le digeste par deux ff.

GL. *Glossa :* la Glose.

H. *Hìc :* ici, dans le même titre, la même loi, ou le même paragraphe.

INF. *Infrà :* plus bas.

IN AUTH. COLL. 1. *In authenticâ collatione* 1, dans les novelles de Justinien, section ou partie 1re.

IN F. *In fine* : à la fin du titre, de la loi ou du paragraphe cité.

IN PR. *In principio* : au commencement et avant le premier paragraphe d'une loi.

IN SUM. *In summâ* : dans le sommaire.

JUNCT. GLOS. *Junctâ glossâ* : la glose jointe au texte cité.

JC. *Jurisconsulti* : les jurisconsultes.

L. 5. *Lege quintâ* : dans la loi 5.

LIB. *Libro* : au livre 1, 2, etc.

NOV. *Novellâ* : dans la novelle 1, 2, etc.

PAR. *Paragrapho* : au paragraphe, c'est-à-dire, section ou membre d'une loi, ou d'un titre des instituts.

PR. ou PRIN. *Principio* : au commencement d'un titre ou d'une loi.

Pandectis : dans les pandectes.

Q. QU. ou QUÆST. *Quæstione* : dans telle question.

RUB. *Rubricâ* : dans telle rubrique ou tel titre.

Nota. Les titres ont été nommés rubriques, parce qu'anciennement on les écrivait en lettres rouges.

T. ou TIT. *Titulo* : titre.

§. *Paragrapho* : au paragraphe.

ʃ. *Versiculo* : au verset. Le verset est une subdivision du paragraphe.

ULT. *Ultimo*, *ultimâ* : dernier titre ou paragraphe, ou dernière loi.

OUVRAGES DE L'AUTEUR.

1. Traité des successions ab intestat. Paris, 1804. 1 vol. in-12.

2. Principia juris civilis tum romani, tum gallici, seu selecta legum romanarum cum civili codice aptè concordantium, etc. Parisiis, 1806 et ann. seqq. 5 vol. in-12.

3. Réflexions sur l'enseignement et l'étude du droit, suivies de règles sur la manière de soutenir thèse dans les actes publics. Paris, Everat, 1807. Première édition, broch. in-8.

   Nota. Cet opuscule a été réimprimé avec l'ouvrage suivant :

4. Bibliothèque choisie, à l'usage des étudians en droit, ou Notice des livres qui leur sont le plus nécessaires. 2e édition. Paris, Baudouin frères, 1821.

5. Manuel des étudians en droit : On a réimprimé sous ce titre les deux ouvrages précédens. in-18.

6. Examen sur les élémens de droit romain selon l'ordre des institutes de Justinien, traduit du latin de M. Perreau. Paris, frères Clament, 1810. 1 vol. in-12.

7. Jo. Gotlier. Heineccii recitationes in elementa juris civilis secundùm ordinem institutionum. Accesserunt operâ et curâ A.-M.-J.-J. Dupin, notæ et observationes quibus textus vel explanatur, vel

emendatur, vel illustratur ; quibusque sedula ac perpetua romanarum et gallicarum legum collatio continetur. Parisiis, Warée. 2 vol. in-8.

8. SYNOPSIS elementorum juris romani juxtà Heineccii doctrinam. Accesserunt notulæ in quibus variæ quæque definitiones à Lorry, Ferrière, etc. incomptæ, heineccianis breviter apponuntur. Parisiis, Durand, 1811. In-16.

9. PROLEGOMENA juris ad usum scholæ et fori. 1820. In-18. Paris, Baudouin frères.

10. OBSERVATIONS sur plusieurs points importans de notre législation criminelle. 1821. In-8. Chez les mêmes.

11. DISSERTATION sur le domaine des mers et la contrebande. Paris, Warée, 1811. Broch. in-12.

12. DE LA JURISPRUDENCE DES ARRÊTS, à l'usage de ceux qui les font et de ceux qui les citent. 1822. In-18. Paris, Baudouin frères.

13. DICTIONNAIRE des arrêts modernes. Paris, Nève, 1812. In-4.

14. DE LA LIBRE DÉFENSE des accusés. Paris, Arthus-Bertrand, octobre 1815. Broch. in-8.

15. MÉMOIRES, Plaidoyers et Consultations depuis 1806 jusqu'en 1822. 12 vol. in-4.

16. CODE du Commerce des bois et charbons. Paris, 1817. 2 vol. in-8.

17. LOIS DES LOIS, ou Recueil de toutes les dispositions législatives, concernant les lois, etc. Paris, 1817, Guillaume et comp. 1 vol. in-12.

18. LOIS sur l'organisation judiciaire ; Recueil extrait de la collection in-4. et du Bulletin des lois, en exécution de l'avis du Conseil d'État du 7 janvier

www.ingramcontent.com/pod-product-compliance
Ingram Content Group UK Ltd.
Pitfield, Milton Keynes, MK11 3LW, UK
UKHW020325250726
13967UKWH00004B/1871

9 782013 095693